देखी, सोची, समझी

ज़िंदगी के सफ़र में

(ग़ज़लें - नग़्में)

सुरेन्द्र "लखनवी"

डायमंड बुक्स

www.diamondbook.in

प्रकाशक : **डायमंड पॉकेट बुक्स (प्रा.) लि.**
X-30 ओखला इंडस्ट्रियल एरिया, फेस -II
नई दिल्ली- 110020
फोन : 011-40712200
ई-मेल : sales@dpb.in
वेबसाइट : www.diamondbook.in
संस्करण : 2024
मुद्रक : रेप्रो (इंडिया)

DEKHI, SOCHI, SAMAJHI ZINDAGI KE SAFAR MEIN
***By** : Surendra Lucknowi*

समर्पण

स्व. संगीता आहूजा की स्मृति में समर्पित

(पुत्र डॉ. आकाश आहूजा के द्वारा)

आशिमा, आकाश जूनियर
एवं आकाशी

अब कम है तो कम है 'लखनवी'
गर नहीं है तो नहीं है
तो ग़म किस बात का है
जब तक ख़ुदा का दिया दम है तो है

बद्‌किस्मत तो है पर 'लखनवी' इतने नहीं है
जो जानते हैं क्या हाल है दुख-सुख पर
जो आंखे खोलते ही पैदा हुए हैं अमीर इतने
कि क्या है ख़ुशी जो ग़म से गुज़रे नहीं है

नाराज़गी होने पर भी 'लखनवी'
उसको चेहरे या ज़ुंबा पर न लाना
ज़िन्दगी में जो आएगा लुत्फ़
उसको भी आज़माना

तरीका और सलीका बड़ा 'लखनवी' ज़रूरी है
मेहमाननवाज़ी के वास्ते
न कि क्या खिला रहे हैं या क्या पिला रहे हैं

दिन कौन-सा था 'लखनवी' जो मेरे लिए था
इतना- मनहूस
दिल परेशान तो रहता है तब से
पर हो रहा है अब महसूस

समझते भी हैं 'लखनवी' फर्ज़ अपना
बच्चों के पैदा होने से जवानी तक
वह हर चीज़ जो कर सकते हैं वो मेहनत मज़दूरी करके
और संताने भी निभाती है फर्ज़ अपने बीवी बच्चों के लिए
और चले जाते हैं घर छोड़कर भरी हालात में ख़ुदा के सहारे

अब हो गये बहाने 'लखनवी' मोहब्बत के बहुत
अब बाहों में आ भी जाओ मेरी
वरना मिलेगी न शायद जगह खाली
गर थोड़ी भी की अब देरी

इक की फितरत है 'लखनवी' टूट जाने की
दूजे की रंग बदल जाने की
पर यही देते हैं जिंदा रहने का हौसला
इक का नाम है वादा और दूजे का इरादा

पैसा हरगिज़ न दें 'लखनवी' उधार किसी को भी
रिश्तेदार क़रीबी हो या करे वादा
चाहे दुनियाभर की खा ले कसम
या सौ-हज़ार वादा

खड़े कर लिए हैं 'लखनवी'
अपने महल चौबारे
तोड़ के सब
शराफत के किनारे

रईस कितने भी हों 'लखनवी'
किसी लड़की के माँ-बाप
शादी ज़रूरी है
करना उनकी मजबूरी है

जिसे कहते हैं प्यार 'लखनवी' या कहते हैं यार
उनका न होता कोई वजूद ज़िन्दगी में
वह रहते तीन चार दिन
कोई पिक्चर चल रही हो थिएटर में जैसे

ग़ुरबत कोई बीमारी तो नहीं 'लखनवी'
इक बंद रेल का फाटक है

वहीं पैदा होते 'लखनवी' दोनों
और वहीं होता है परवरिश दोनों का
चाहे हो गुलाब के फूल या हो कांटे

सपने कैसे पूरे हो जाते हैं
आपके सोते-सोते 'लखनवी'
जब अपने ही अपने न हुए
न आधे न पूरे

कभी जीत जाता है 'लखनवी' अँधेरा
कभी जीतता है सवेरा
चला आ रहा है यह तमाशा
जब से इंसा है ज़मी पे आया

जैसे ज़रूरी है हर लफ्ज़, 'लखनवी'
किसी नग़मे को जैसे छूता हो।
कोई नग़मा बनाने के वास्ते,
वैसे ही ज़रूरी है हर रिश्ते को।
विश्वास का रिश्ता बनाने के वास्ते

इस दिल का उसने 'लखनवी'
बना दिया था कोरमा
जो समझता था ख़ुद को
बहुत बड़ा सूरमा

ग़रीब है साला या ग़रीब है बेचारा 'लखनवी'
गर कहा जाए कि वक़्त का है मारा
संत-फ़कीर के कपडे देखकर ऐ लखनवी
बिना जाने समझे जैसे देता है पैसे

कोई है नेपाल या बिहार से 'लखनवी' या उसपार से
ख़ुद ही तो नहीं चली आती है वहां तक
उसे ले आती है मज़बूरी, जिस्म फरोशी के कारोबार में

चौक और चौराहे पर 'लखनवी' रहने वाले
बाशिंदा जानता है, हर मुल्क और गली की ख़बर
और जो रहते है घरों में अपने
उन्हें ख़बर नहीं होती, क्या हो रहा है बाहर

दूल्हा और दुल्हन लगते हैं 'लखनवी'
देखने में एक से बढ़कर एक
पर गर दिल में हो कुछ, और जुबां पे कुछ और
तो सफ़र ज़िन्दगी का कैसे कटे

दाल भाजी खाने से 'लखनवी' जो सुकून
मिलता है तबियत को
वह मिला ही नहीं चाहे हो परोसी
कितनी भी थालियों में, लज़ीज़ व्यंजन

राह तो मेरी सही थी 'लखनवी' यकीनन
लेकिन मिला न मुकाम
जिसकी तलाश थी मुझे
मुकाम मिलने के बाद भी

जितनी बढ़ती जाती है 'लखनवी' नज़दीकियां
जो भी लगता हो अच्छा या अच्छी
कदर कम होती रहती है दिन-ब-दिन उसकी
जिसकी तड़प लगी रहती है उसे हासिल करने की

गुज़रती है जिसके जिस्म और दिलों दिमाग पर 'लखनवी'
वही सच बता सकता है और ला सकता है जुबां पर
तपती धूप से निकलकर पहाड़ों पर सैर करने वाले
क्या खाक समझेंगे जो रहते है, मरते है रोज सवेरे

काम वही होता है 'लखनवी' अंदाज़ होता है जुदा-जुदा
कुछ दे देते हैं जो अपना भी
किसी दूजे को बचाने के खातिर
कुछ हट जाते हैं पीछे जब आती हैं जां पे आपकी

उम्र गुज़र गई कुछ 'लखनवी'
रसोई में आलू उबालते-उबालते
कुछ गुज़र गई
बालों को सजाते-संवारते

ज़रूरत किसको नहीं है 'लखनवी'
सहारे या पैसे की ज़माने में
क्या टाटा-बिरला काम नहीं करते
यह सब कमाने में

किसी ज़रूरतमंद की वक़्त पर मदद करना ‘लखनवी’
ख़ुदा की पूजा करने से ज़्यादा है होती
गर आपने देखा है उसको इस हाल में
या किया है महसूस किसी के मांगने पर
भरोसा न कर वरना टूट जाते है
भरोसे दिल के हमेशा के लिए

नाम सिकंदर है जिनका ‘लखनवी’
काम करते हैं सफाई का किसी घर में
नाम से बनता नहीं कोई सिकंदर
जो बने हैं कुछ वह बने हैं अपने काम से

जो पंछी देखने में लगते हैं सुंदर ‘लखनवी’
अमूमन बंद कर दिए जाते हैं सोने के पिंजरों में
और जो दिखते नहीं है सुंदर
लुत्फ़ उठाते है जन्नती हवाओं और कुदरती
फिजाओं के अंदर

जैसे कोई फल पकने के बाद छोड़ जाता है बगीचे को 'लखनवी'
जिसने पाला और पोसा अपने खून से वैसे ही
आज संतान का हाल भी कुछ ऐसा ही है
चले जाते है माँ-बाप को छोड़कर न जाने किसके सहारे

शर्म और बेशर्म में 'लखनवी' बस फ़र्क़ इतना है
एक रखती है तहजीब को जिंदा
अपना सबकुछ गवां कर भी
और बेशर्मी बिखेर कर रख देती है उस तहजीब को
जो बचाकर रखी थी सदियों के बाद भी

किस चीज़ की जरूरत है 'लखनवी'
किसकी दरकार नहीं है, आप फरमाइए
यह महकमा दिल का है
सरकार मेरा नहीं

चपाती बनाने से पहले 'लखनवी'
जैसे चूल्हा जलाना ज़रूरी है
वैसे ही कुछ कहने से पहले सोचिये फिर बोलिए
न की पहले बकिये फिर सोचिये

वह हरगिज़ ईमानदार कहलाने के
हक़ नहीं रखते 'लखनवी'
चाहे अपना लड़का हो या लड़की, नौकर या नौकरानी
जो हक़ीकत में पकड़े जाने से डरते हैं
या मौक़ा ही नहीं मिलता जब कुछ करने का

दिनभर यारों में बैठकर 'लखनवी'
बतियाना उलटे सीधे लतीफे
दिला सकते नहीं आपको
कोई डिग्री या वजीफे

कुछ पी गया कुछ पिला दिया 'लखनवी'
अब कुछ भी नहीं बचा बाकी-मेरा साकी
कुछ साकी के यारो में
कुछ घुंघरू के मयखानों में

जितना देखा है मैंने 'लखनवी'
ज़िन्दगी को करीब से
उतना तो मेरी आँखों ने भी
देखा होगा मुझे नजदीक से

न पाने का ग़म होगा 'लखनवी'
न मिलने की होगी ख़ुशी
पर जरूरत है इतनी सी सिर्फ़
थोड़ी दिल में सबके

दीवारें खड़ी करके रास्ते बंद तो नहीं हो जाते 'लखनवी'
चाहे हो रिश्ता या हो पानी
दरारों से पार हो ही हैं जाते

तय करना है आपको या आपके दिल को 'लखनवी'
किस राह जाना है ज़िन्दगी में आपको
पहली और आखरी बार ही मिलता है मौक़ा
कि आपकी तमन्ना चुनना चाहती है रास्ता आपका

छन-छन के जैसे दरिया बन जाता है 'लखनवी'
वैसे ढूँढ लेते हैं रिश्ते मौक़ा आने पर
चाहे हो ख़ुशी या हो ग़म

मौत कभी दुःख नहीं देती 'लखनवी'
दुःख देती है ज़िन्दगी
जैसे इल्ज़ाम लगता है मक्खी पर दूध में गिरने का
जबकि कसूर होता है आपका दूध को खुला रखने का

निकाल दिए जाते हैं 'लखनवी' अक्सर नौकरी से अपनी
कि काम नहीं कर रहे ईमानदारी से
और जो मुद्दत से कब्ज़ा कर बैठे हैं
वही संतरी बनकर मंत्री
हो सकते हैं कैसे काबिल

ज़रूरत पड़ ही जाती है 'लखनवी'
किसी इंसान को इंसान से बार-बार
जो काम करके राजी नहीं
न एक बार न दूजी बार

'लखनवी' सब हो गया तबाह जो दिन-रात कमाया था
जान डाली थी जिसमें एक-एक तिनका गवाया था

मयखाने का नाम सुनते ही 'लखनवी'
आ जाता है चेहरे पर निखार
वादे का नाम सुनते ही
आ जाता है बुखार

'लखनवी' शक्ल देख नहीं सकते एक दूजे की
नाम अँधेरा और उजाला है
जिसने देख लिया एक दूजे को
फिर सब काला ही काला है

रातों की बातें मुलाकतों की बातें
'लखनवी' कीमत तय नहीं होती
न उधारी न दिहाड़ी इसके हिसाब से

पूरा शहर वाकिफ है उस क़ातिल से 'लखनवी'
जिनकी वफादारी निभा रहे हैं
उसकी जिस पर इल्ज़ाम है क़त्ल का
जाने नहीं देता वह किसी को सीधी राह
जो ढ़ूढ रहा है कातिल को ताकि हो सके खुलासा
कौन है क़ातिल जो कर रहा है काम ख़ुद को छिपाने का
कौन है क़ातिल आप जान गए होंगे
बिन बताये नाम किसी का

कौन क्या करता है 'लखनवी'
कब आता है
यह ज़रुरत है पड़ोसन की
ज़रूरी घरो में कुर्सी-मेज़ का होना है
किसी को फ़र्क़ नहीं पड़ता
फ़र्क़ पड़ता है कि कौन रहती है पड़ोस में

‘लखनवी’ सब्र कीजिये, मैंने कहा न
सब्र कीजिये, मैं हूँ न
भरोसा कीजिये मेरा और मेरे ईमान का

जितनी देर तक करते हैं बातें आप
मोबाइल पर बार-बार ‘लखनवी’
होता है उसके पीछे मौक़ा
नहीं मिलता-मिलने का एक बार

चाहे सोचे समझे ‘लखनवी’ या बिन समझे
किसी गलत राह पे निकल लेना
पर मुश्किल ही नहीं नामुमकिन होता है
वापिस अच्छी राह पे आ पाना

इमदाद मांगने वालों की तादाद
बढ़ती जा रही है ‘लखनवी’
हरगिज़ न करे इमदाद हर मांगने वालों की
बिन सोचे समझे वर्ना हो जाएंगे सारे
इमदाद मांगने वाले

उजालों की तलाश करते-करते 'लखनवी'
लगी उम्र सारी
फिर भी अँधेरा वहीं का वहीं
नज़र तो आता है पकड़ में आता नहीं

'लखनवी' कौन क्या कर रहा है कैसे कर रहा है
भूल से भी न करे ये ज़हमत उठाने की
चाहे आँखें खुलीं हों,
बस रखिये बंद अपनी जुबां भी
और कान भी

अब ज़माना नहीं है किसी की बात को
समझने और समझाने का 'लखनवी'
बैठा हो बीच सड़क या कहीं भी जा रहा हो
परवाह न कर किसी की, राह अपनी पकड़ने का

सो जायेगा 'लखनवी' किसी गन्दी गली में गरीब कोई
डर लगता नहीं उन्हें कुत्तों से
डर लगता है पुलिस वालों से

'लखनवी' गर साला थानेदार बदल जाये इस चौकी से
तो चाहे कत्ल करके आ जाना
बाल भी बांका न होगा
मगर इसके होते कोई तिनका
इधर से उधर न होगा

ज़िम्मेदारी तो ज़िम्मेदारी होती है 'लखनवी'
छोटी या बड़ी नहीं होती
जितनी होती है डॉक्टर की
उससे कम तो नर्स की भी नहीं होती

जितनी भी हों चाहे तमन्नायें 'लखनवी'
दिल में तेरे
गर हो जाए पूरी अगले ही पल
फिर उससे भी ज़्यादा आ जाएगी
उससे भी प्यारी कहानी
चलती रहेगी
और उम्र गुज़र जाएगी सारी

माथा पटकते रह जाओगे आप 'लखनवी'
जब सुनोगे मुझसे पहलू सच का
मैं सब जानता हूँ
यह आगाज़ है आपकी बर्बादी का

'लखनवी' न करने की हिदायत हो
या करने की हिम्मत
तो क्यों पकड़े ऐसी राह
जो करते-करते भी पूरा न कर सकें
और उम्र गुज़र जाए यूँ ही सारी

'लखनवी' अँधेरे के पीछे रहती है अंधेरगर्दी
वैसे ही हर दुःख के बाद आता है सुख
और फिर दस्तक देता है दुःख
और उजाले के साथ रहती है ईमानदारी
ऐसे ही चलती है दुनियादारी

किसने तोड़ा है कौन लाया है घास 'लखनवी'
गाय को क्या लेना-देना
होता है सिर्फ़ उसको फ़र्क़ जिसको है दूध दुहना

खुशी होती है किसी को पाकर 'लखनवी'
और ख़ुशी होती है किसी को खोकर
कोई खाता है जूते एक बार
कोई खाता है जूते उम्र भर

दे रहा है कोई चप्पल, जूता या बर्तन
किसी को बेचने कि खातिर 'लखनवी'
तो क्या बेहतर न होगा कि दे दिया जाऐ
उसको किसी ग़रीब के घर कि खातिर

'लखनवी' खुशियाँ तो होती है खुशियाँ
इनका जवाब नहीं होता ज़माने में
मगर सुकून और ख़ुशी का फासला है ऐसा
जैसे मयखाना और मंदिर में

अँधेरे से उजाले में जाने को 'लखनवी'
जैसे ज़रूरत पढ़ती है रोशनी की
वेसे ही ज़िन्दगी बनाने के लिए
ज़रूरत पड़ती है मेहनत और ईमानदारी की

कौन पूछेगा और कौन देगा जवाब 'लखनवी'
पर बतायेगा कौन यह है ऐसा सवाल
कुछ मसले होते हैं ऐसे
जिसका नहीं मिलता है कोई जवाब
ताकि रक्खें उसपर भरोसा सदा
बड़े माथा लगाये नाम जिसका है ख़ुदा

कौन करेगा उनपर एतबार 'लखनवी'
जो तोड़ चुके हैं उसे न जाने कितनी बार

रिश्वत लेकर उसने 'लखनवी'
किसी का हक़ किसी दूजे को दिलवा दिया
सजा दो लोगों उसको उतनी ही,
जैसे अपने बच्चों को किसी दूजे की झोली में डाल दिया

इशारे से होती है मोहब्बत शुरू 'लखनवी'
सुभानअल्लाह
बात बनाने से पहले जान लेता है
मोहल्ला

'लखनवी' टूट जाता है मिट्टी का घड़ा जैसे
टूट जाता है वादों का धागा भी ऐसे
जो होता है हाल रंग का होली के बाद

'लखनवी' ख़्याल छोड़ दो की बवाल नहीं होगा
रात ढलते ही कल सवेरा ज़रूर होगा

गर ज़रूरी भी नहीं है 'लखनवी'
कोई मजबूरी भी नहीं है
जिसमें दिल-ए-मंजूरी ही नहीं है
फिर क्यों जा रहे हो उस राह पर

‘लखनवी’ एक को मिले दूजे को न मिले
तो ग़रीब पैदा होता है
जो मिले वो सुबह को मिले
तब न कोई अमीर न ग़रीब होता है

ख़ुशनसीब है या बदनसीब ‘लखनवी’
उन्हें ख़ुद ही ख़बर नहीं
वह जानता है इतना बस
वह ग़रीब है वह अमीर है
वैसे तो ग़रीब खुशनसीब है
जो वाकिफ ही नहीं होता अमीरी से

न रास्तों की कमी है ‘लखनवी’
न चलने वालों की,
न कलियों की कमी है
और न काँटों की

सावन से चन्द रोज पहले ‘लखनवी’
किसी सांवरिये का घर आ जाना
मुकद्दर का धनी होता है वो शख्स
जिसे मिल जाता है मौके पर ऐसा खजाना

रुतबे और रिश्वत के दम के दाम पर 'लखनवी'
कोई मौक़ा हासिल कर लेना
ठीक वैसा ही होता किसी के ज़मीन पर
अपना आशियां बना लेना

कोई करता है 'लखनवी' सुबह का इंतजार
कोई बैठा है रात के लिए बेकरार

किसी अपने या क़रीबी की तक़लीफ़ में
उठा लेना फायदा, मदद की एवज में 'लखनवी'
जैसे जीते जागते किसी की जान ली जाए

जुबां को भी झूठ बोलना पड़ता है 'लखनवी'
अपने दिल के कहने पर
माँ भी बोल देती है झूठ
लड़की के घर देर से आने पर
तोड़ रहे हैं दीवारें सच की आप ख़ुद ही
बर्बाद कर रहे हैं अपना घर अपने हाथों से ही

गिनती की सांसे है कम होती जाती हैं 'लखनवी'
पर हर पल सांसो की चाहत बढ़ती ही जाती है

बादलों के झुण्ड आसमां पर 'लखनवी'
अरमानों के दिल में आते-जाते हैं
कुछ चले जाते हैं कुछ बरस जाते हैं

सच-सच बता दो किसने बताया है सब 'लखनवी'
वर्ना जो करेंगे हम हाल तेरा
हमसे बुरा न कोई और होगा
बात जुबां पे आने से पहले
जब खुलेगा ये राज तेरा
उसका तो जो होगा सो होगा
सोचा है हाल आपका क्या होगा

हवा के रुख के हिसाब से चलना 'लखनवी'
या जाना हो उसके ख़िलाफ़
राह कौन सी पकड़े यह फ़ैसला होता है आपका
और गर हिम्मत और जज़्बा जिगर में
फिर मिल ही जाता है ख़ुद भी साथ में

किसी का चलती बस से उतरते मर जाना 'लखनवी'
और किसी बस हादसे में लोगों का मर जाना
क्या कहेंगे आप और चंद घरवाले उस इंसान को

मौक़ा आता है कभी-कभी 'लखनवी'
किसी यार की शादी में जाने का
मौक़ा मिलता है आपको भी
किसी को अपने करीब लाने का

पढ़ी लिखी लड़की जो करती हो 'लखनवी'
कोई नौकरी या कर लेगी नौकरी
हरगिज़ न सपने देखने कि आयेगी बारात
जब तक खड़ी न हो जाए अपने क़दम पर

'लखनवी' कोई बताता है अपनी परेशानी
कोई बताता नहीं अपनी तक़लीफ़ भी
अपनी ही बीमारी को ख़ुद से ही छुपा लेना 'लखनवी'
जैसे घर में रक्खी कोई क़ीमती चीज़ भूल जाना

जो जा रही हो इतनी जल्दी 'लखनवी'
तो बात तो सुनती जाना
गर आना हो आज रात तो
वक़्त भी बताती जाना

गलत हो रहा है काम कोई
देखते हुए भी 'लखनवी'
न बोलना न रोकना जैसे पता न हो
गर आप नहीं रोकेंगे
तो आके रोकेगा कौन

ग़म देते नहीं अब उतने ग़म
जितने देते थे पहले 'लखनवी'
अब उतना भी नशा नहीं होता
जितना पहले देती थी रम

गर ज़रूरत है माँ-बाप को 'लखनवी'
तो हक़ है उन्हें आपसे मांगने का
गर भेज देते है आप बिन मांगे उनके
तो वह है फर्ज आपका

करना होता ही है कर्ज़ यह वापिस तो 'लखनवी'
यह मर्ज़ आपसे ही क्यों लेती सरकार
हर बच्चे की किताब में भी लिखा है
क्या पढ़ा नहीं आपने इसको एक बार

'लखनवी' जब तक चलती हैं सांसे तेरी
काम होते कभी भी पूरे नहीं

'लखनवी' हज़ारों लाखों हैं, कमी नहीं है इबादतदारों की
पर है कमी खिदमतादारों की
जो करे खिदमत बिन लालच और मजबूरी के

गर है कोई दिल में तेरे बात 'लखनवी'
तो बता दें उसे साफ-साफ
किश्तों में नहीं रह सकते हम साथ

वादा करके पलट जाना 'लखनवी'
कर देना भूल जाने का बहाना
फिर हाथ रखके कसम पे मुस्काना

पैसे तो किस्तों में अदा करने से 'लखनवी'
मैं वाकिफ था पुराना
मगर माजरा यह है अब की
वादे को भी किश्तों में चुकाना
फितरत होती है एक जैसी सब लड़कियों की 'लखनवी'
प्यार निभाने का वादा करके
इरादा पूरा कर लेना अपना

शक्लों–सूरत हाव–भाव और ही होते हैं 'लखनवी'
जब आता है कोई आपके पास किसी काम से
गर कर देते हैं आप उनकी मदद
काम पूरा करने में तो बदल जाते हैं
उनके शक्लों सूरत और अंदाज़ भी

'लखनवी' अक्सर भूल जाते हैं
ख़ुशी के किसी भी मौके में
पर आ जाती है उनकी याद
किसी मुसीबत या मजबूरी में

इरादे गर हो जाते पूरे 'लखनवी' तो ज़रूरत न होती
कभी ज़माने में वादे बनाने की
जितने भी ग़म ज़माने के 'लखनवी'
हमने पाल रखे हैं ज़हन में
हम ख़ुद ही हैं ज़िम्मेदार
और गुनहगार उसके

बात घर-बाहर की हो या कारोबार की 'लखनवी'
चाहे हो ज़ुबानी या लिखा कोई सतत्तर सफे की
गर एक शब्द भी नहीं उसमे एतबार का
न सोचना न पूछना
बस करके इंकार उठ जाना सरकार का

करिश्मा न पूछो ख़ुदा का 'लखनवी'
और फितरत ज़माने की
ख़ुशी होगी या ग़म
गर दोनों पड़ोसियों के बच्चे
उसी दिन लेते हैं जन्म
अमूनन आजकल गाड़ियाँ चलती है 'लखनवी'
बड़ी लाइन पर काफी ज़्यादा और चलती है
छोटी लाइन पर इक चलती है पहाड़ों पर
कुछ ज़मीन बराबर मैदानों में

जो निकल जाती है 'लखनवी'
मेरे दिल की बात हर बार,
उतनी ही जल्दी लौट आती है,
लेकर कोई नये ज़ज्बात
मेरी दिल की तमन्नाएँ की
उड़ के चली जाऊँ
जल्दी उनके पास।

दिल टूटता है जब तो 'लखनवी'
अक्सर हो जाता है मायूस
और फिर वक़्त की मलहम से
दुबारा हो जाता है मजबूत
जैसे जो चलते हैं घुटनों के बल से
तो भी लगते हैं दौड़ने
उसकी इबादत के ग़म से।

‘लखनवी’ गर लग जाए पाबन्दी
लड़कियों पर कि कर नहीं सकते
कोई साजो श्रृंगार
शादी से पंद्रह दिन पहले
और पंद्रह दिन बाद
नतीजा होगा ये कि बंद
हो जाएँगे तलाक ज़माने में
क्योंकि जो बनेगी जोड़ी
वो होगी एक दूजे की असली पसंद।

ज़िन्दगी की आधी जंग ‘लखनवी’
जीत लेता है वह जो
रखता है जुबां को बंद

गर दवा न करे असर 'लखनवी'
हो चाहे मर्ज़ कोई भी,
तो एक देख ले पी के दारू भी,
इधर दारू अंदर उधर दर्द दफा।

'लखनवी' बदल जाता है उनका रंगे वफ़ा
न जाने कितनी दफा, और लुट न जाए
किसी का नसीब, चाहे सौ बार हो
ये कभी ख़त्म हो ही नहीं सकता
जैसे होता है किसी बनिया
का उधार।

अब हम न करेंगे एतबार 'लखनवी'
कभी अपने दिल के कहे का,
सौ बार चोट खायी है,
उसकी बात मानकर।

किसी का किसी को 'लखनवी'
घर से भागने का,
शक्लों-सूरत के दम से,
या पैसे के दम से,
हरगिज़ कामयाबी मिलती नहीं
इससे टूट जाते हैं सपने
सारे चंद दिनों
के बेचारे, बस देरी है
शक्लों सूरत ख़त्म हो
या पैसे ख़त्म होने की
वह घुमाते रहे सबको 'लखनवी'
पैसों के दम पर,
और वो घूमती रही
अपने हुस्न के दम पर
अब दोनों ही बैठे हैं घर पर

गर घर में सुकून मिलता 'लखनवी'
तो कौन जाता मयखाने
गर होता न मयखाना कोई
तो जाता पागलखाने

जो काम पूरे हो नहीं सकते हैं 'लखनवी'
किसी दौलत के दम पे
वो हो जाते हैं पूरे अक्सर
ख़ुदा के इबादत से।

एक छतरी काफी नहीं
होता घर के लिए
बरसातों में
और न एक बकरी काफी
होती है पूरे घर के लिए,
वैसे एक ही काफी
नहीं होती पत्नी घर के लिए,
कम से कम दो की
ज़रुरत होती है
ज़िन्दगी गुजारने के लिए।

काली घटाओं से भी ‘लखनवी’
काली उनकी जुल्फें
और इन्द्रधनुष के रंगों
से भी रंगीन उनके चेहरे की रंगत
भी कर नहीं सकी कोई
ऐसा करिश्मा
क्यूंकि रंगे वफा, शामिल न था
इन रंगों में।

अमूमन ख्याल नहीं आता ‘लखनवी’
की जाना है, इबादत को
या बुतखाने को और अक्सर
ख्याल आता है जाने का
मुजरे और मयखाने में।

निशाना चूक जाता है, 'लखनवी'
कभी न कभी निशाने बाज का
और चाहे कितना भी हो माहिर
बड़े-बड़े किलों और इमारतों
को बनाने वाले लुटेरों का
कोई ज़िक्र नहीं करना अपनी
जुबां से और न करता है कोई
इज्ज़त उनकी अपने दिल से
मगर करता है याद आज भी
उन मजदूरों और मजबूरों को

बात हो गर किसी 'लखनवी'
यार से मिलने की
चाहे बंद हो खिड़की, दरवाजे
चाहे हो न कबूतर या
मोबाइल कोई
पहुँच जाता है पैगाम
एक-दूजे का
शायद रजा होगी
इसमें ख़ुदा की
तो हम क्यूँ बन जाए
इसमें कोई दीवार

जमीं आसमां में होता है 'लखनवी'
जितना फासला
उतना ही होता है फासला
देखने का मुजरे का
और पीने का मयखाने में
किसी को समझने और
समझाने में उतना ही होता है
फ़र्क़ दीवाने और दीवानगी में।

यादों के सहारे रहने से 'लखनवी'
जो मिलता है सुख
वह मिल नहीं सकता,
एक साथ रहने में।

तूफां भी कुछ ऐसा 'लखनवी'
नहीं कर सकता,
जो कर सकता है इक
हल्का हवा का झौंका
एक घूंट पानी का नदी
का हो या कुंए का बुझा
सकता है प्यास आपकी
जो समुद्र भी नहीं कर सकता।

अपनी किसी तक़लीफ़ में 'लखनवी'
तकदीर में तोहमत लगाना,
जैसे बिन बात बेवजह
किसी से उलझ जाना।

किसी का सहारा 'लखनवी'
बनना बिन किसी लालच के
कौन मानेगा इस बात को
ज़माने में हुक्म के इक्के पर
'लखनवी' चिड़िया दुक्की की
पड़ती है भारी
जब पड़ती है ज़रूरत इक्के को
दुक्के की सवारी।

हर बात पे गिला शिकवा 'लखनवी'
जायज नहीं होता जैसे हर
खाने वाली चीज़ में
मीठा नहीं होता।

जैसे सौ इकरारों पर, 'लखनवी'
इक इंकार पड़ता है भारी।
वैसे ही हजार झूठों पर,
एक सच पड़ता है भारी।
रखना है किसे याद 'लखनवी'
और भुलाना है किसको
पर अक्सर यह होता है
भुलाना चाहते हैं जिसको
वह रहते हैं याद।

अब कोई दम नहीं रहा 'लखनवी'
कि किसी से अपना
फर्ज निभाए रिश्तेदारी का
आज भी कायम वो दम
जो था वफादारी का।

कभी-कभी शक होता है ‘लखनवी’
मुझे अपनी नियत पर
मिजाज-ए-अंदाज बदल जाता है
मेरा निकलते ही मयखाने के सामने से।

इक छोटी सी किरण ‘लखनवी’
कर देती है आगाज
शुरू नये दिन का
वैसे ही कर देती है
तबाह एक तिल के बराबर
जिसे कहते हैं जफा।

चाहे हो दादरा या 'लखनवी'
राग ठुमरी,
या हो घाघरा या
हो कोई चुनरी।
रंग होते हैं जुदा
इनके अपने-अपने
जैसे होते हैं जलवे जुदा
घरवाली हो या पड़ोसवाली।

बीवियों की खुशकिस्मती 'लखनवी'
कहे या बदकिस्मती
वह कभी सुंदर हो ही नहीं सकती
अपने शौहरों की नज़रों में जितनी लगती
है सुंदर पड़ोसियों को इक-दूजे की।

चाहे आप कितने भी 'लखनवी' होशियार हो या समझदार
कभी सोचा न हो, आपके ज़हन में भी न आई हो ऐसी बात
संतान को जितनी भी सहूलियतों की ज़रुरत होती है
पूरी करें दिलों जान से उनके जवान होने तक
पर अपने बुढ़ापे को नज़रंदाज़ न करें, न ऐतबार संतान का।

कान खड़े हो जाते हैं 'लखनवी'
रात के अँधेरे में भी
किसी मनपसन्द गाने की हल्की सी
आवाज़ भी सुनाई देने पर।

जब से दुनिया बनी है 'लखनवी' कोई न कोई
परेशानी होती ही रहती है और फिर
खत्म हो जाने के बाद हो जाती है नई शुरू
जैसे कल तक टीवी का इलाज न था कोई
और अब इलाज नहीं है नये जामने की बीवियों का।

बच्चे जो धनवान हो जाते है शादी के बाद 'लखनवी'
होते नहीं मोहताज बाप के अक्सर
और मोहताज होते हैं माँ-बाप जो होते हैं गरीब
अपने बच्चों को पाल पोसकर।

हर चीज़ बना ली 'लखनवी' इंसान ने ज़मी पर
चाहे हो कोई बिमारी की, जलन की जलाने के वास्ते
नाम लीजिये और ले आइये बाजार से
पर आज तक बन न सकी कोई मशीन ऐसी
जो बना सकती है बहाने जैसे
बना सकती है महिला हर मुल्क की।

हर बात पे गिला शिकवा करना 'लखनवी' बिना सोचे-समझे
अपनों के लिए या पराया हो कोई
एक ऐसी दरार कर देती है पैदा
जो भर जाने पर भी छोड़ देती है निशां
और याद दिलाती रहती है उम्र सारी।

आसमां की बुलंदियों को 'लखनवी' छू सकता है कोई
अपने दिल की शमा जला के
और कोई ला सकता है ज़लज़ला जमाने में
गलत बयानी करके अपनी ज़ुबां से।

'लखनवी' कोई बदल नहीं सकता फितरत
वह चाहे हो किसी की
या क्यों न हो अपनी
चाहे हो अपनी या उसकी पत्नी।

जितनी बढ़ती जाती है 'लखनवी' दौलत
उससे कई गुना बढ़ती जाती है फितरत
इंसान इज़ाफे और मुनाफे की।

दिन गुज़र जाता है ‘लखनवी’ चैन से काम करते-करते
जब निकलते हैं समेट के सवेरे-सवेरे
हो जाती परेशानी शुरू ज़हन में रात भर के लिए।

गरीबी होती है क्या ‘लखनवी’
पैसे वालों की बला से
अमीरी होती है क्या
गरीबों की बला से।

हर दूसरे को नीचा दिखाना ‘लखनवी’
और मीठे को फीका कहने वाले
आईना देखते-देखते बताओ
काले से सफ़ेद हो गये।

जो काम रात के अंधेरों में होते थे मुश्किल से 'लखनवी'
अब हो रहे हैं खुले आम दिन के उजालों में।

इक ज़माने में हर चीज़ बिकती थी 'लखनवी'
ज़माने में सिर्फ़ इमान के अलावा
और अब सेल लगी है इमान की
बाजार में हर चीज़ के सिवा।

किसी भी बेसहारा इंसान की 'लखनवी'
मुसीबत में मदद करना
किसी इबादत से कम नहीं है
यह याद रखना।

घर और दुकान का इक-दूसरे के करीब होना 'लखनवी'
इस बात के पीछे इक राज़ छुपा है पुराना
ताकि नज़र रहे दुकान पे बैठे इंसान की घर पर
और घरवालों की दुकान की हर हरकत पर।

कर्ज़ ऐसा मर्ज़ है 'लखनवी'
जो चढ़ जाये तो उतरने का नाम नहीं लेता
और फर्ज़ की भी कोई सीमा नहीं
चलता रहता है जब तक वक़्त चलता है।

जो मिलता है सुकून 'लखनवी'
दो रोटियां और दाल से
वह मिलता है कहाँ दो-चार
बोटियां खाके बकरे के जिस्म की।

गर आप होते थोड़े से भी समझदार 'लखनवी'
तो आज ज़रूरत न पड़ती किसी समझौते की
मोती भी है, धागा भी है दोनों की है मौजूदगी
पर देरी है उसको पिरोने की।

बड़े नसीब से मिलता है 'लखनवी' मौका किसी सेवा का
किसी गरीब-अपाहिज या बीमार से सबब मिलता है
उसको ख़ुदा के घर से जितना मिलता है
मक्का-मदीना या माँ वैष्णो के दर्शन से।

शॉर्ट कट आपको पहुंचा सकता है 'लखनवी'
इतनी जल्दी जितना आप सोच नहीं सकते
जब शॉर्ट-सर्किट बुझा सकता है
सारे शहर की रोशनी।

धुआं सा महसूस हो रहा है 'लखनवी'
किसी बड़ी साजिश का
दुनिया में एक दूजे के ख़िलाफ़ जानना मुश्किल है
जैसे तकिये पे ग़िलाफ़।

अगर लगी है तलब 'लखनवी' उसकी
अब यह न समझना
कि बात हो रही है
किसी चाय और समोसे की।

करता है तय अंदाज़-ए-बिदाई 'लखनवी'
आपकी माशुका से हर शाम की
क्या दिया है तोहफा आज नया
करती है बाय और निकल लेती है मिलकर गले
माथे को चूमती हुई कल मिलेगी छोटी है जुदाई
कहकर।

दुनिया की हवाओं और चलती फिज़ाओं से
'लखनवी' बचकर ही रहना है
मुश्किल ही नहीं जीना हो गया है नामुमकिन सा
समझते रहे गिड़गिड़ाते रहे
पर कौन सुनता है किसी की
जब होश आया तो पता चला
दिल की तो सिर्फ़ ख़ुदा सुनता है।
कान पक गये हैं 'लखनवी'
सुनते-सुनते कई सदियों से
हुकूमत बनी रहे
इन शरीफों की ग़रीबों से।
दिलों-दिमाग से शातिर 'लखनवी' होना
ज़रूरी है ज़िंदगी में आगे बढ़ने को
न कि शक्लों-सूरत के दम से।

वादा निभाने की जो 'लखनवी' बात करते हैं
हरगिज़ बात न करें
ऐतबार न करें
चाहे वह फिर दुहराए और सौ बार।
जो काम आज करना है 'लखनवी'
उसे कभी कल पर न टालें
उस काम को मजबूरी समझ के
बस उसी रोज कर डालें।

हर चीज़ पर 'लखनवी' किया जा सकता है ऐतबार
गर नहीं है ऐतबार
तो भरोसा कर मेरी सरकार।

बात समझ के भी न समझना 'लखनवी'
फिज़ूल है उसे दोबारा कहना।

मेरी फितरत तो नहीं 'लखनवी' पर आदत ज़रूर है
मैं चाहता नहीं उसको पर दिल तो मजबूर है
रास्ता मालूम नहीं है फिर भी हौंसला है बुलंद
कोई फ़िक्र नहीं है निकल पड़ा हूँ पाने को जिसे।

नाम रख तो दिया 'लखनवी' काबिल था उसका
मगर अब चला पता कि नामों निशां भी
नहीं दिखता उसमे किसी काबिलियत का।
वक़्त किसी के पास नहीं है 'लखनवी'
जो है दौलतमंद
और वक़्त ही वक़्त है फुर्सतियों के पास
जो रहते हैं घरों में बंद।

चांदनी तो चली आती है ज़मीं की तरफ 'लखनवी'
मगर चाँद को फुर्सत नहीं इन बातों में
जैसे आमीरों को नहीं फुर्सत
गरीबों की गरीबी से।

अमीरों के अलावा कोई ईमानदार हो नहीं सकता 'लखनवी'
चोर अच्छा हो या नहीं ईमानदार हो नहीं सकता।

'लखनवी' इमारतें छूती हुई आसमां की बुलंदियाँ
और ग़रीबों की छत ज़मी को छूते हुए
आमने-सामने।

जिसे चाहते रहे बचपन से 'लखनवी'
एन वक़्त पर शादी से इंकार कर देना
तक़लीफ़ देता है जैसे
घर में पुश्तैनी सोने का नकली निकल जाना।

कितनी भी हो मजबूत 'लखनवी' चौबारे या दीवारें
सहारे हो या किनारे
टूट जाते हैं वक़्त-बेवक्त सब के सब
चाहे रहो बैठे पुकारे।
जो जा सकता है 'लखनवी' वो जाए

जो निभा सकता है वो निभाए
मदद कोई भी कम नहीं होती
पर उसे करने की नियत तो आए।

'लखनवी' किसी को कोई मशवरा देना
चाहे कोई भी हो क्यों बैठे-बैठे
गले मुसीबत डालना।

चंद सालों की बात और है 'लखनवी', मैं रहूँ या न रहूँ
मगर मेरी जान तू रहेगी जिंदा मेरी नमन साकी
लोग करेंगे सजदे ख़ुदा से की घर में हो पैदा लड़कियां
देख ली लड़कों की सेवा करते हैं दुआ
अपने माँ-बाप की आखिरी सांसों की।

यक़ीनन कभी यक़ीनन नहीं 'लखनवी' होता
और नामुमकिन कभी नामुमकिन नहीं होता
इस नये ज़माने में बेटा कभी बेटा साबित नहीं होता
बन जाती बेटी आपका बेटा
इस ज़माने में यह है होता।

पानी कितना फैला हुआ है 'लखनवी' मायने नहीं रखता
मायने रखता है कि वो कितनी गहराई तक गया हुआ है
जैसे कितनी हसीन और खूबसूरत दिखती है पड़ोसन
पर मायने रखता है की उसकी सीरत क्या है।
अक्सर बंद हो जाती है जुबां 'लखनवी'
पतिदेवों की अपनी देवियों के सामने
चाहे हो अपनी या हो दूजे मोहल्ले की।

बातों से जो बात 'लखनवी' बन जाती
तो मुलाकातों की ज़रुरत क्यों पड़ती
कुछ मुलाकतों के बाद बंद हो जाती है मुलाकातें
न मिलते गर तो कम से कम होती रहती बातें।

किसी को कोई बात 'लखनवी' समझाने पर भी
गर आती नहीं है उसकी समझ में
तो पूछ लीजिये उससे
कि बात समझ आई क्या।
मिले हैं ज़िन्दगी को 'लखनवी' दिन दो-चार
वह चार दिन भी न होंगे पूरे
ज़िन्दगी में किसी ज़रुरत या तक़लीफ़ में
किसी पे भरोसा न करना।

कुछ चीज़ें ऐसी बनाई है ख़ुदा ने 'लखनवी'
जो न चाह के भी मिल जाती है
कुछ है ऐसी जिन्हें नहीं पाना
किसी के बस में नहीं
चाहे वह कोई भी हो।

जिंदा रहने के लिए 'लखनवी' जैसे
ज़रूरी है सांसो का चलना
उतना ही ज़रूरी है अपनी
ख्वाहिशों को दिल में रखना।

चाहे कोई भी काम 'लखनवी' हो जैसे कुछ कर गुजरने का
चाहे करलो उसे तसल्ली से पूरा
पर पूरा होते ही वह लगता है
जैसे कुछ रह गया हो अधूरा।

वक़्त न जाने कितना गुज़र गया 'लखनवी'
न वो आई न मौत आई।

आखिर मैंने कह ही दिया 'लखनवी' उससे
कि हो गई है मुझे मोहब्बत किसी और से
पर उसने पूछा ही नहीं कि किससे
उसने भी वही कहा जो मैंने कहा था
पर मैंने तो पूछा किससे लेकिन बताया नहीं उसने।

दल बदलने का दस्तूर 'लखनवी'
पूरा होने के बाद
अब हो गयी है कवायियत शुरू
किसी को घर बसाने की
किसी को घर से निकालने की।

सुबह उठते देखा तो था नदारद 'लखनवी'
अपनी साबुनदानी से
पलट के देखा तो
शुक्र है ख़ुदा का बीवी
मौजूद थी रसोई खाने में।

अब सोचता हू मैं 'लखनवी' की कुछ काम करना है ज़रूरी
चलो करता हूँ शुरू आज कल में
अच्छा करता हूँ इस सोमवार से
काम करना है शुरू अगर
न कल से न आज से
अभी से ही करना पड़ेगा शुरू वर्ना न होगा शुरू
फिर अगले तारीख आयेंगे तेरे मरने की तेरवी से।
मेहरबानी का रुतबा 'लखनवी' लगता है ऐसा
जैसे चीटी के सामने हाथी का वजूद।

झूठ आ जाता है 'लखनवी' छाती ठोककर सामने
सच रहता है खड़ा सर झुकाए झूठ के पांव में
सच आज भी जाना जाता है अपने नाम से
रेहता है दुनिया की फ़िज़ाओं में शान से।

किसी की माँ बीमार है 'लखनवी'
जा रहा है दवाखाने को
किसी का दिल उदास है
जा रहा है मयखाने को।

मसला या सलाह कोई 'लखनवी' ऐसी लेनी हो
जिसमें पैसे का लेन देन होता है
तो हरगिज़ न करें सलाह किसी ऐसे से
जो माहिर हो उस काम-काज का।
जितना सोना-चांदी जायदाद 'लखनवी' रखते है
वक़्त आने पर गिरवी
उससे भी कहीं ज़्यादा
होता है ऐतबार कीमती।

सहारा ख़ुदा की बनाई 'लखनवी' इंसान के लिए
इक नयामत है
मगर फ़ौरन छोड़ दें इसका दामन
यह आपको इक सही हिदायत है।

कुछ हो जाती है 'लखनवी' पूरी कुछ रह जाती है अधूरी
जो सोचते हैं वो सोचते रहते उम्र सारी।

जीने के वास्ते गर 'लखनवी' दिल में कोई नहीं
पर हर वक़्त कोई न कोई राहत है ज़रूरी
ज़रूरी है खजाना ख़ुद के घर से
इंसान के दिल में चाहत फिर कुछ भी नहीं।

रिश्ता जीजा और साली का 'लखनवी'
या देवर और भाभी का
नाज़ुक होता है ये रिश्ते ऐसा
जैसे होता है जानलेवा कोई रिश्ता
कोई रिश्ता जैसे घास
और आग का।

धोखाधड़ी के सफ़र में 'लखनवी'
लगी है मारा-मारी,
पर गाड़ी ईमान में अभी
भी पड़े है डिब्बे खाली।

गर दिल ही फ़ैसला करता है 'लखनवी'
कि कब और कैसे चलानी है
गाड़ी पीछे या अगाड़ी
तो ख़ुदा ही जाने के पहले
कौन होगा तबाह गाड़ी
या वो अनाड़ी।

चाबियाँ दो हो तिजोरी की, 'लखनवी'
या बीवियां दो
किसी आशिक मिजाज वाले की
दो-दो रखने की वजह बताते है
क्यूँ है जरूरी
तो खराब या बिमार न हो जाए,
ये है मजबूरी।

बिन सोचे समझे बिन देखे 'लखनवी'
आंखे मीचे चल देना,
सफ़र-ए-ज़िन्दगी में मंजिल
पाने की तलाश में
वो पा नहीं सकते मंजिल
सौ बार भी जी भर के।
गर बात बनती न हो 'लखनवी'
और न ही हो कोई मजबूरी
तो हरगिज़ न करें,
फ़ैसला कोई ऐसा वर्ना,
एक बोझ सा बना रहेगा
उम्र सारी।

‘लखनवी’ कीमती पेन
और अच्छी लिखाई के दम पर
कोई परीक्षा पास तो नहीं की जा सकती
ज़रुरत पड़ती है दिल, मेहनत और
माँ बाप की नेक कमाई की
जो करती है आपको इस
अग्नि परीक्षा से सफलता
की चढ़ाई।

जो मिलने को रहते थे बेताब ‘लखनवी’
अब मिलते ही नहीं न करते हैं
कोई बात।

होते हैं बड़े ही खुशनसीब 'लखनवी'
जिन्हें मिलता है मौक़ा,
लाचारों, ग़रीबों, बिमारों की
खिदमत का चाहे वो हो
अनजाने या आपके घर के
नौकर हो या नौकरानी
और बदले में जो मिलता है
सकून-ए-दिल आपको मिल
नहीं सकता कहीं चाहे हो
कितनी ही सुंदर जवानी।

'लखनवी' कौन आता है किसी-किसी
के काम बिन मतलब के
इस ज़माने में
जो कर रहे है कुछ ऐसे ख़ुदाबन्द
उनका कोई लेना देना नहीं
ऐसे फसानो से।

जिस्म बिकते हैं 'लखनवी' ईमान भी
है बिकता हर चीज़ बिकती
हैं खुले बाजार जो बिकने
के लिए नहीं बनायीं ख़ुदा ने
साथ मिलता हैं मुफ्त में
रुसवाई और बीमारी।
'लखनवी' बस एक सीढी की
ज़रुरत है सौगात की
फिर देखो कैसे बनती
है जल्दी बात मुलाकात की।

रिश्ता-ऐ-ज़िन्दगी कभी 'लखनवी'
टिक नहीं सकता, किसी की
खूबसूरती या किसी के पैसे
के दम से, जैसे कोई
खजूर पैदा ही नहीं हो सकता
किसी पहाड़ी इलाके में।

जो ख़ुद का लिखा न पढ़ पाये 'लखनवी'
वे समझे कैसे ख़ुदा का लिखा
फिर तेरा कोई इलाज नहीं जो लिखा है।
वह मिलेगा तुझे बिन पढ़ा।
शबाबी है या शराबी देते है लखनवी
सुकून बराबर न कम न भारी
डुबो देगा कौन और बचाये कौन।

घुमा फिराकर किसी से 'लखनवी'
अपनी बात मनवा लेना
किसी दिन ख़ुद ही फस
जायेंगे घुमाते-घुमाते
फिर नामुमकिन होगा वहां
से निकल आना।

‘लखनवी’ जो खुशी बर्बादी की
ओर ले जाए वह हरगिज़
मस्ती नहीं होती जो नदी
पार ही नहीं करा सकती
वह कश्ती नहीं हो सकती।

परिंदे भी लौट जाते है, ‘लखनवी’
अपने घरों को हर शाम
और इंसा को याद आते है
अपना काम दिल ढलने के बाद
इधर घर वाले करते हैं।
इंतजार उनके आने का
और उनको ले जाती है।
संग अपने बहार।

गर आसमा छूने की ‘लखनवी’
तमन्ना हो तो पहले
छोड़नी पड़ेगी जमीं
ये शर्त है पहली।
बदल जाते हैं रिश्ते ‘लखनवी’
बदल जाते हैं रास्ते,
बदल जाती हैं नज़र को नजर
या दिल में है आपके।
मगर बदलता नहीं है इमान
अगर है वो इमान।

इमान की राह के अलावा 'लखनवी'
कोई ऐसी राह बनाई,
ही नहीं ख़ुदा ने,
जो ले जाए आपको,
उसके दरवाजे तक।

मुश्किल है कितना 'लखनवी'
पैसे को बचाना
उतना ही आसान है
पैसे को उड़ाना
एक-एक पैसा जोड़ के
बन जाता है खजाना
एक एक पैसा उड़ा के
हवा हो जाता है खजाना।

चोरी-चाकरी कर 'लखनवी'
काम उल्टा-पुल्टा
जो बन बैठे थे सिकंदर
आज भुगत रहे सजा सारे
और बंद है जेल के अंदर।
अब तो वक़्त आया है 'लखनवी'
मौज और तफरी का
न कोई पकड़-धकड़
न डर चोरी-चकारी का
कानून ख़ुद ने ख़ुद ही
सरण्डर कर दिया है अदालत में
अब मुंह मोड़ लिया है
बंद अदालत ने।

‘लखनवी’ अक्सर कट जाती हैं
वो पतंगे जो उडती हैं,
कच्चे धागे के सहारे
जैसे रिश्ते टूट जाते हैं,
अमूमन जो बंधे होते हैं,
पैसों के सहारे से।

कोई अपने या पराये ‘लखनवी’
जिससे हो आपको,
दिली प्यार,
अगर रखना चाहते हो,
उनसे ये प्यार,
तो हरगिज़ न लेना
उनसे एक बार भी उधार।

ख़बर ऐसी फैलेगी 'लखनवी'
जैसे हो कोई जानलेवा बुखार,
अब होगी न शादी उनकी
जो चक्कर लगाते थे।
उसी गली का बार-बार।

अरमां, सपने, सामान, 'लखनवी'
जो बिकता है खुले आम बाजारों में।
वो हो कोई अमन या ईमान,
जिसके बदले में मिल जाती है।
आपको कोई अय्याशी का सामान
पर मिलता किसी भी हाल में
न सुकूं न आराम।

अगर चादर चड़ा के किसी नाम की ‘लखनवी’
हो जाती है मुरादें पूरी
तो शायद ख़बर नहीं है उनको
जो बनाते हैं यह चादरें सारी
गर ख़बर हो जाती उनको तो
मिलती न एक चादर बिछाने
को खुले बाजारी।

किसी को फुरसत नहीं ‘लखनवी’
कोई फुरसत ज़माने के लिए
गर है फुरसत कोई तो है
फुरसत ही फुरसत
अपने ही किसी काम के लिए।

कुँआरे रहने में ही जो 'लखनवी'
मिलती है खुशियाँ वो
जन्नत से कम नहीं होती
जो मिलते हैं सुख जन्नत में
जमीं पर भी वैसे तो
अब ज़रूरत ही नहीं रही
किसी आसमानी जन्नत की
अब बना डाली है, इक
नई जन्नत जमीं पर
बदोलत हुस्न वालों की।

बदमाशियों से डर लगता है 'लखनवी'
पर बदमाशों से नहीं,
और डर नहीं लगता
सफ़ेद कपड़ो से,
लगता है डर सफ़ेद पोशों से।

वह आये थे मिलने या बिछड़ने 'लखनवी'
करके दो घडी आराम
निकल लिए जैसे अमूमन
चिट्ठी देके डाकिया घर
से निकल जाता है
अब वो आए या न आए
अपनी बला से,
अब आ गई है हसीन पड़ोसन
मेरे घर के बगल में।

दुनिया के तमाम मसले 'लखनवी'
हरगिज़ पैदा ही नहीं होते
गर साले दिल के अंदर
एक और दिल न होता,
और फिर जो होता वो मंज़ुरे ख़ुदा होता।

ऐ ख़ुदा गर मेरे
दिल का नाम दिल
न होता और होता बुजदिल
तो हरकतें जो करता है आज वो
हरगिज़ न करता ये दिल।

गर सोचो तो किस को 'लखनवी'
ज़माने में ग़म न मिला हो
यह अपना-अपना नसीब है
किसी को कम
ये बक्शा है ख़ुदा ने है एक चिराग
आने वाली ज़िन्दगी के लिए।

जिनका भी पड़ा है 'लखनवी'
ज़िन्दगी में मुहब्बत से वास्ता,
वो रो रहे हैं अंदर से और देते हैं
ख़ुदा को वास्ता
बच गये कुछ किस्मत वाले जो हो गये नाकाम
शायद मिल गया है उनको
इनकी इबादत का इनाम।

बार-बार किसी से गुज़ारिश 'लखनवी'
करना था किसी की
आप से गुज़ारिश करना
अक्सर खो देती है
एहमियत अपने जैसे
हर मौसम में बारिश की तमन्ना रखना।

ईमानदारी और मेहनत से
बने घरौंदे पर 'लखनवी'
कभी दे नहीं सकती
दस्तक किसी परेशानी की
पर देती रहेगी दस्तक
वो जो घर बने हैं, लूट कर ग़रीबों और
लाचारों के।

क्यों करते हो बदनाम 'लखनवी'
उसका नाम जिसका है मोहब्बत
और हो सकता है
दिल जीता हो उसने
दस बीस हज़ारो का
और किया हो बर्बाद
लाखों करोडों का
अब फ़ैसला ख़ुदा ही कर सकता है कौन गुनहगार है
मोहब्बत या प्यार करने वालों का प्यार।

अब यादों के पिटारों में 'लखनवी'
कोई जगह नहीं खाली अब
अब नई यादों को पड़ता है भटकना जो भटक गई
सो भटक गई, जो भटक गई
वह भटक गई।

नाराज होना किसी से 'लखनवी'
किस बात पर
तोड़ देता है वह धागा प्यार का एक बार
और जोड़ना होता है फिर
उतना ही मुश्किल जैसे
कोई पर्स वापिस मिल जाता है
खो जाने के बाद, पर नजर नहीं कोई आता
उसके अंदर उसके
चाहे खोलो उसे एक बार या सौ बार।

न आयेगा कोई राह दिखाने को 'लखनवी'
ज़माने के अँधेरे में, रखना इसको ख्यालों में अपने
तलाश ख़ुद ही करनी होगी
अपने आशियाने की
जैसे करता है जुगनु जला के दिया
दिल में राह अपनी पाने को।

रंगों में सबसे भरोसे का है 'लखनवी'
सिर्फ़ काला क्योंकि फितरत नहीं है
इसके रंग बदलने की यह है वह साला।

हो पहला क़दम हिम्मत का तेरा 'लखनवी'
और हो दूसरा तेरे जज्बे का
बस चल चलो और कर लो
जा के उस पर फ़तेह जो है दिल में तेरे।

कोई हद नहीं होती 'लखनवी'
वफ़ा या अच्छाई की
न इम्तिहान होती है
कोई प्यार की
पर है दिल को छूट
हद की और
बेवफाई सहने की।

हर रोज होती है 'लखनवी'
कोई हज़ारो बातें
जो बनती हैं ख़बर
और नहीं बनती है कोई हद
आपके लिए कब तक रख
सकते हैं अपना सबर।

गर जिम्मेवारी किसी
को दे रखी है 'लखनवी'
घर के रख-रखाव की
तो हर बार किसी
का उसको कहना की
पीछे ख्याल रखना अच्छा नहीं लगता।

ऐ मेरे ख़ुदा यह तो बता 'लखनवी'
की क्या मकसद रहा होगा
अमीरी और ग़रीबी का
क्या एक न होता काफी यह भार
जमाने का।

राहें वह सभी टूट गईं 'लखनवी'
जो ले जाती थी मंजिल तक
अब मुश्किल है इतनी
ज़्यादा पर नामुमकिन नहीं
ऐ ख़ुदा तेरी दुआ से।
दो पेड़ो के बीच 'लखनवी'
चादर बाँधकर बच्चे को
झुलाना और सर पर पत्थर
उठाके दूजी और ले जाना
जो देता है सुख माँ को
बड़ा मुश्किल है बताना।

गर हो शक्लों सूरत 'लखनवी'
चेहरे पर और हो
अक्ल दिलों दिमाग में
तो कोई न कामयाबी आ सकती है आपकी राह में।
उपहार के बदले उपहार 'लखनवी'
रिवाज है ज़माने का
जो चलता आ रहा है
बरसों से लेकिन अब रंग बदल दिया है इसने
अब हो गया है शामिल
इसमें इक नया यार जो
है उपकार के बदले उपहार।

हर वक़्त हाथ फ़ैलाने वालों को 'लखनवी'
उनके हालात पर ही रहने दें
तक़लीफ़ चली जाए चाहे हो
जितनी गर आदत न पड़ जाए
दवा खाने की।
गर आशियाना हो आसमा पे 'लखनवी'
या जमीं पर, फ़र्क़ नहीं पड़ता है कोई इसका
ज़रुरत है घर में सिर्फ़ इक उसकी
या हो देसी या हो विस्की।

बच्चा भी उठते गिरते 'लखनवी'
हो जाता है खड़ा
अपने पैरों पर, बिन सहारे
और बंध जाते हैं आशियां
ग़रीबों के बिन, कोई सहारे
और कई आज भी है बैठे
सजाये नदी के किनारे
कि आएगा कोई लेकर कश्ती
और पहुँचा देगा उसको दूसरे किनारे।

जो खाते हैं ख्याली पुलाव 'लखनवी'
रहते हैं महफ़ूज़ अमूमन
उनसे जिन्हें परोसा जाता है
जिन्हें असली पुलाव अमूमन
रंगीन लिबास वाले डब्बों में।

इक निवाला ही है काफी 'लखनवी'
पेट भरने के लिए
सौ निवाले ख्यालों के।

न खाए कोई कसम 'लखनवी'
न करे कोई तोबा-तोबा
न जाने कब किस पर
दिल आ जाये जिसका ख्यालों में न ऐसा ख्वाब।

‘लखनवी’ और भी ग़म है ज़माने में रोने-धोने के सिवा
क्या मांग रहे हैं वो इसकी कोई ऐसी दवा
जो जाना न पड़े किसी मेहनत की राह,
और गुजर जाए ज़िन्दगी चलती रहे ये ठंडी हवा।

कोई पढ़ाई-लिखाई ‘लखनवी’
अब काम की नहीं
लड़कियों को न कॉलेज जाने की
अब वो हो गयी है माहिर दिल
तोड़ने और लगाने में।

कोई हो जाता है कुर्बान ‘लखनवी’
अपने मुल्क की सरहद बचाने को
और कोई हो जाता है बेईमान।

गर बीवी ही बनाई थी 'लखनवी' ख़ुदा ने
तो टीवी बनाने की जरूरत क्या आन पड़ी
क्या पहले कम था घर में या पड़ोस में
बतियाने का!
तो क्या थी जरूरत मोबाइल बनाने की।

बीवियां घर की शुक्रगुज़ार है 'लखनवी'
तहे दिल से जोमेटो आदि का
अब जो ले आते है घर खाना, मिठाई, सब्जियां आदि
और नहीं जाना पड़ता उनको रसोई घर में
देखती रहती है टीवी अपने कमरे में।

हर एक को पता है ज़माने में ‘लखनवी’
किसे कहते हैं उधार
मजबूरी बनती है उसकी यार
जो ले जाती है उसको मझधार
इसलिए जरूरी है माँ-बाप
बच्चों को दिखाना सही राह
बनो समझदार जो कि जाना
न पड़े उस राह कहते है अमिताभ बच्चन
टीवी पर बार-बार।

मुकद्दर को गर बुरा-भला कहना 'लखनवी'
यह मंज़ूर नहीं है किसी भी मुकद्दर को
घर बैठे हाथों पे हाथ रख
कोसना मुकद्दर को
तेरा कुछ हो नहीं सकता
क्यों न चाहे कोई सिकंदर हो।

कौन आयेगा, कब आयेगा, क्या लायेगा 'लखनवी'
इस ग़लतफ़हमी में न रहना
जब तक उठ के कमाने न जाये।

हर बात में तकदीर का रोना 'लखनवी'
बदल तो नहीं सकती आपकी तक़दीर
क्या कोशिश कभी की है
इसको तदबीर में बदलने की।

मैं मर गया, बर्बाद हो गया, सब लुट गया 'लखनवी'
मदद करने के बहुत है रास्ते
ख़ुदा ने कहा पहले यह तो बता
की तेरा क्या था जो अब लुट गया।

जब किसी के घर में ही हो रहना 'लखनवी'
किसी लाचारी की वजह से
फिर गिले शिकवे की बात जुबां पे क्या लाना।

दौलत की चमक से 'लखनवी'
जो बनते हैं रिश्ते, हो जाते हैं फ़ना।

मांगने के बाद दिया तो क्या दिया 'लखनवी'
और मांग के लिया अपना हक़ तो क्या लिया।

न अपना, न पराया 'लखनवी'
न कोई मिलने मिलाने वाला
कोई करता नहीं उनका ज़िक्र तक
क्या होगी किसी को उनकी फिक्र तक
जानते हैं सब छल है सच का
जो रखते नहीं महफूज अपने ख्याल तक।
वादा करने से पूरा नहीं हो जाता 'लखनवी'
वादा निभाने से होता है पूरा
करना पड़ता है उसको हर हाल में पूरा
वर्ना जान तक जा सकती है
उसकी जिम्मेदारी है ख़ुदा के घर।

मुश्किल है बहुत हालातों से लड़ना 'लखनवी'
पर नामुमकिन नहीं, गर है फितरत हालातों की
किसी को बिगाड़ने की
तो फिर है जज्बा इनसे लड़ने की।

जो गिन सकते हैं 'लखनवी'
उड़ते हुए परिंदों के पर, पहली नज़र में
खा जाती है उनकी नज़र भी धोखा
देखते ही हसीनो को।
चलते-चलते या बार-बार 'लखनवी'
दरवाजे को देखते या किसी
आहट पर मुड़-मुड़ के देखना
शक पैदा करता है किसी के इंतज़ार का
या किसी के आ जाने के डर से, लगता है डर
उसको या इंतज़ार करता है दिल
उसके आने का इस बार।

मेहमान को भी चाहिए 'लखनवी'
मेहमान नवाजी करने वाले का
उसे भी देखना ज़रूरी है
कि दिक्कत तो नहीं आ रही है
मेहमान नवाजी में आपकी वजह से
और चले जाना चाहिए
मौक़ा मिलते ही।

हवाओं के रुख पर 'लखनवी'
नजर रखना, उतना ही ज़रूरी है,
जितना होता है ज़रूरी, किसी बीमारी का।

दिल है की मानता नहीं 'लखनवी'
और इक और इक दूजी भी है
जो मानती नहीं कौन-कैसे
मनायेगा और कौन मानेगी
कैसे हारेगा वह जिसकी
होगी ज़्यादा मज़बूरी।

हर ख़बर रखते हैं वह 'लखनवी'
मुहल्ले की और अपने
शहर की पर है वो बेख़बर
क्या गुल खिला रहे
अपने घर के बच्चों की।
जैसे किसी तूफाँ के सहारे 'लखनवी'
किश्ती को नहीं मिल सकता किनारा
वैसे ही किसी को
जुबां का कहा सहारा
अक्सर साबित होता है
जैसे गैस भरा गुब्बारा।

वह जा बैठे मैके में अपने 'लखनवी'
अपनी माँ के पास
और मैं आके बैठ गया
मयखाने में मय के साथ
उसका वापिस आना उसकी
है मज़बूरी
जाना मेरा मायखाने से
न है दिले मंजूरी।

जन्नत सी मिल गयी थी 'लखनवी'
आते ही उनके बाँहों में मेरे
लगता था जैसे हर तमन्ना
पूरी हो गई थी मेरी
नशा टूटा तो महसूस हुआ
की उनकी भी ज़रूरत
शायद हो गयी पूरी
पर गिला मुझे नहीं
शायद है ख़ुशी
की वो आई जिस लिए
उसका मकसद पूरा होते ही
चली गई बिन बताये।

जिस बात का शक था मुझे कल तक 'लखनवी'
वो आज बन गयी है हक़ीकत
और जैसे हो गयी
न होने वाली कोई बात।

समेट लो, जितना समेट सकते हो 'लखनवी'
और बच जाए बाकि लपेट लो,
जितना लपेटा जाए, अपनी हसरतों
को जो पाल रखी है दिल में
एक मुद्दत से।

जुबां अपनी से कहना 'लखनवी'
मैं हूँ ग़रीब और मजबूर बार-बार
और ख़ुदा के खाते में भी
लिखा होगा फिर यही बार-बार।

भूल के भी न लेना 'लखनवी'
कभी अपनों या रिश्तेदारों से उधार
यह है दो धारी तलवार
इसके दिए जख्मों से
कोई बच नहीं सकता

चाहे कितना ही हो समझदार।
दो जिस्म एक जां 'लखनवी'
होने की कसम पुरानी है
अब जिसकी भी तमन्ना,
पहले हो गई पूरी
दिल की या दौलत की,
फिर ख़त्म कहानी है।

जो सुन सकता है 'लखनवी'
वह हो नहीं सकता बहरा
किसी छोटी सी खरोंच का
घाव हो नहीं सकता गहरा।

मायूसी और उदासी की है 'लखनवी'
कोई तो वजह
कोई तो होगी इसकी
गर राह कोई नहीं मिलती, इसको समझाने की तो
बेहतर होगा की फरमान
दे दिया जाए, इनको घर से निकल जाने का।

किसकी मुहब्बत कैसी मुहब्बत 'लखनवी'
या है कोई ऐशो आराम
लाखों लुटते हैं हर रोज
और करोड़ों बैठे हैं
लाइन लगाकर लुटने को तैयार।

वह क्या काम आयेंगे किसी के 'लखनवी'
जो ख़ुद ही किसी काम के नहीं
जैसे कोई पूछ रहा है
टीवी के मरीज से
जो ख़ुद ही बीमार है
पिछले बीस सालों से।

उल्टा पुल्टा करके किसी
का दिल तोड़ देना 'लखनवी'
हरगिज़ न करना यह
महंगा पड़ेगा इतना।

बात करते-करते बिन बताये 'लखनवी'
उठ के चले जाना
जैसे अक्सर उठकर जाते हैं
किसी बात का न पसंद आना।

रोजी रोटी की किल्लत तो है
पर इतनी भी नहीं 'लखनवी'
किल्लत है तो सिर्फ़ बोतल और बोटी की
और उस मोटी की।

सदियों से सहारा था ज़माने को
कसमों और वादों का 'लखनवी'
अब बन गए यह सबब
यह दगा और बेईमानी का और बड़ी परेशानी का।

ईमान क्या होता है
ईमानदारी किस चिड़िया का नाम है 'लखनवी'
अगर पता चल भी जाए नाम इसका,
तो जुबां न खोलें, वरना बदनामी होगी झूठ की।

कोई करना भी चाहे तो क्या करे 'लखनवी'
तो अब क्या करें कोई हालात ही ऐसे हैं जरूरी
है जलाके दिल की शमां,
इन अंधेरों को भगाने की।

ख़ुदा सबका एक है 'लखनवी'
शक के दायरे में है ये बात
गर शक है तो है उनके दिमाग के दायरे में
और ख़ुदा ही तोड़ेगा इस शक के दायरे को।

तारीखें बदल गई, सालों साल गुजर गये 'लखनवी'
पर न बदले हल ग़रीबों के जो आज भी बदहाल हैं
वक्त दूर नहीं अब वो भी होंगे बदहाल।

कभी छोटी, कभी बड़ी सरकार 'लखनवी'
और कभी अंदर, कभी बाहर
कैसे आएगा समाजवाद
मेरे सरकार, मेरी सरकार।

हर काम में कमीशन 'लखनवी'
मजदूरों की हो मजदूरी या हो रिश्वतखोरी
अब इसे चोरी नहीं कहते
कहते हैं इसको मजबूरी।

'लखनवी' दिल कब तक सुनता है किसी की
बस करता है मनमानी
इसको समझाना जैसे भौरा करता नादानी।

इधर का माल उधर, उधर का माल इधर
ये खेल है नए ज़माने का 'लखनवी'
उधर का माल उधर और इधर का इधर।

ये खेल है पुराने ज़माने का 'लखनवी'
ऐ दिल मैंने अब मान ली है हार
कुछ बचा नहीं 'लखनवी'
अपनों ने ही लूटा है जिन पे किया था ऐतबार।

जो भी लाती है घर में रूपए पैसे
ऐश करते हैं सब मिलकर 'लखनवी'
पर ज़ुर्रत नहीं पड़ती पूछने की
कहां से आते हैं इतने पैसे।

कभी-कभी खामियाजा भरना पड़ता है
हर एक को 'लखनवी' किसी गलत काम का,
चाहे हो गलती से, या हो उसके नाम पर 'लखनवी'

कभी तो आएगा नल में पानी 'लखनवी'
उम्मीद लगाए बैठे हैं आराम से, काम बुरा तो नहीं
हो जाता है शुरू होने के नाम से, मेहनत करनी पड़ती है
काम को पूरा करने के लिए, वैसे ही जरूरी है
कनेक्शन पानी का सरकार से।

गड्ढे खोदने वाले हैं, सरकारी महकमें वाले हैं
हैं हजारों जो राहे खोद रहे हैं, ओवर टाइम में
सुबह से शाम अंधेरे पर हो जाते हैं बंद
काम खत्म होने के बाद कुछ कूड़ा और गंदगी से
और बाकी रेता से 'लखनवी'

‘लखनवी’ जिसने पहले से ही रक्खी
हर चीज घर की गिरवी, अब और क्या रखेगा गिरवी
मजबूरी या अस्मत की बोरी।

जमीं पे क्यों नहीं आता ख़ुदा क्या है
वह खफा इंसानों से है ‘लखनवी’।

उजालों से रिश्ता ए दिल ‘लखनवी’ रखिए अंधेरे से
दिन के उजालों में मिल के भी न मिलेंगे सहारे उनसे
जो मिलेंगे किसी अकेले से रात के अंधेरे में।

सुकून मिलता है सपनों को सजाने से ‘लखनवी’
और मिलने मिलाने से।

जिनकी जुबां पर कभी मेरा जिक्र ही नहीं आया
मैं फिर भी फिक्रमंद हूं 'लखनवी'
उनके लिए, न जाने क्या जादू किया उस जालिम ने
कि आज भी कर रहा हूं तलाश उस जालिम लोशन की।

न सुधरेंगे न बदलेंगे ऐसे ही रहेंगे 'लखनवी'
जैसे ख़ुदा ने बनाया है, अब हम भी चलेंगे उसी राह पर,
जिसे ख़ुदा ने बनाया है।

किसी बनी बनाई बात को, बेवजह बिगड़ जाना 'लखनवी'
जरूरी तो नहीं किसी साजिश के तहत था
हो सकता है, वह हाथ ख़ुदा का इसके पीछे
किसी आने वाली मुसीबत से बचने का।

कुछ करने से पहले देखते रहोगे 'लखनवी'
गर हवाओं के रुख को
तो बेहतर होगा कि भूल जाओ सुख को।

जितनी भी आबादी ख़ुदा ने बनाई है 'लखनवी'
उतने ही ग़म भी बनाए हैं उसने
ताकि हर एक को मिले बराबर
हो सुख या कोई बर्बादी।

हर वक़्त, हर बात पर रोने से
कुछ हासिल न होगा 'लखनवी'
उठना होगा करनी होगी मेहनत तो
सब कुछ होगा हासिल।

पहलू में बैठकर भी तन्हाई में रहना 'लखनवी'
और फिर अंगड़ाई लेते ही
अपने जिस्म से मेरे जिस्म को जकड़ लेना
दिल को सुकून मिल जाएगा मेरे
गर सपना यह सच हो जाए।

वतन से दूर दराज देशों में 'लखनवी',
जिंदगी की ढूंढने का सबब क्या है
क्या कमी है मंजिलों की
अपने मुल्क में मंजिलें तमाम खाली पड़ी हैं
आपके आराम के लिए जरूरत है सिर्फ़ चाबी की
जो मेहनत करें जी-जान से
और चाबी ले जाएं आराम से।

'लखनवी' न बुलाया था उनको न भेजा था बुलावा
पर आ ही गए हो बिन बुलाए तो अब
मतलब है उनका, क्या जाता है मेरे बाप का।

'लखनवी' हर शय मिल रही है खुले बाजारी
मगर नहीं मिली कोई चीज उधारी
और बिन पैसे के मिल रहा है
कूड़ा और कचरा और संग मिल रही है डेंगू की बीमारी।

इतना ही काफी है, अभी उम्र भी बाकी है,
बीवी का रब राखा, घर भी तो चलाना है।
मयखाना नहीं यारों।
जिसने यह बनाई है, कोई कर्मे ख़ुदाई है।
जन्नत से नहीं कोई कम, जन्नत यह बनाई है।
है चीज बड़ी नापाक, कुछ का फरमाना है,
अच्छे को कब अच्छा, दुनिया ने माना है।
मयखाना नहीं यारों।
बोतल में है जो बंद, यह कोई अजूबा है।
सुख-दुख का है साथी, ऐसा न दूजा है।
जिसका दामन पड़ा, फिर लिपट गई ऐसे
जैसे जलती शमा ठाने, दुनिया को जलाना है।
मयखाना नहीं यारों।
जब से सीने में लगी, मेरी जान-ए सुकून-ए-ग़म।
वह बातें कल की थी, कहते जिसको थे ग़म।
सब पर है कर्म इसका, कभी ज़्यादा कभी कम
राहत-ए- ग़म है आयी, अब क्या घबराना है।

वन मॉर फॉर दी रोड, चाहे हो जाए डायवोर्स
हर चीज में लगता जोर, पर बीवी का नहीं तोड़।
लगता चेहरे से भोला, पर है आज का गोला
चाहे कितना हो दानी, चाहे कितना हो ज्ञानी
इसकी बात जो मानी, समझो लुट गई जानी।
बड़े-बड़े शातिरों का इसने निकाला दिवाला
साला मरवा के रख देगा।

भाते हैं दिल को, अक्सर जो रहते हैं नज़रों से दूर
मिलते ही वह सब खो देते हैं अपना वजूद
चाहे हो वह कोई इमारत, शहर, सैर सपाटेवाला
वो चीज ही चाहे, हो माशुका कोई।

बिगड़े शहजादे मेरे, जाने क्या है दिल में तेरे,
रोज तेरे जैसे देखे, मजनू न जाने कितने,
ऐसा तो कुछ न देखा, जाए जो दिए यह फेंका।
खाली है रहने वाली, अरमानों की तेरी।
थाली, थाली, थाली, थाली

फ़िज़ा भी गरम है हुआ दिल भी बेशर्म हैं
छूने का दिल यह चाहे, जो जाने चमन है।
आज तो आना होगा, बाहों में तेरी
जाऊं न बिन मैं तेरे, आज मैं खाली
खाली, खाली, खाली, खाली

दुनिया सारी सपने देखे, रात को सोने वाली
देखा पहली बार मैंने दिन में यह होते
इजहारे प्यार करके बाहों में ले लो
करेंगे वही फिर बातें, रातों में होने वाली
वाली, वाली, वाली, वाली

गीत

1.

रुपैय्या, रुपैय्या, रुपैय्या 'लखनवी'
जो भी मेरे चक्कर में आया,
फिर वह कमीना कभी बच न पाया
कोई भी घपला मुझसे करा लो,
फाइल मंगा लो या गायब करा लो।
सरकारी जमीं पे बंगला बना लो,
हर मर्ज की हूँ, मैं ऐसी दवाई
रुपैय्या, रुपैय्या, रुपैय्या
हो बल्लेबाजी या सट्टेबाजी,
ससुरा चाहे तो दामाद राजी,
ग़मों में चाहे फिसड्डी रहे हम,
खाते विदेश में हो मेरी मैया
जेल में बैठे परोल करा लो,
अपनी जगह पर किसी को बिठा लो।
अंखियों का नंबर चाहे बढ़ न जाये,
रुपैय्या, रुपैय्या, रुपैय्या
ख़ुदा ने बनाई जब होगी साकी।
नजर आई होगी कसर कोई बाकी।
फिर उसने बनाई एक ऐसी जवानी।
दुनिया हुई फिर जिसकी दीवानी।

कोई चैन से फिर यहां रह न पाए।
तो उसने बनाया यह कुदरत का पहिया।
रुपैय्या, रुपैय्या, रुपैय्या
ढलती जवानी में, जन्नत के जलवे
नहीं कुछ भी ऐसा मुकद्दर के दम से
यह चढ़ती जवानी जो देखो तूफानी है,
है रंग रूप जब तक यह तब तक कहानी है।
न फिर काम आवै भाभी न भैया,
जरूरत पड़ेगी फिर कोई।
रुपैय्या, रुपैय्या, रुपैय्या
आजा तू मेरी जवानी की नैया में,
सैर कराऊं तुमको मैं बहियों में।
जन्नत से आगे इक और जन्नत,
उसका भी जलवा दिखाऊंगा तुमको।
चाचा को करोड़ो की मिलती वसीयत,
निकल लेंगे दोनों हम सीधे दुबय्या।
मैनेजमेंट कोर्ट से सीट निकालो।
अपना वजन उठा तो न पाए,
घूमाने चले हैं, वतन का यह पहिया।
ग़रीबी हटाओ है इनका यह नारा

खाना पड़े चाहे पशुओं का चारा।
रुपैय्या, रुपैय्या, रुपैय्या
रुपैय्या, रुपैय्या, रुपैय्या।

2.

आया-आया-आया-आया 'लखनवी'
खुशियों का मौसम आया
जो कल तक थे पराये आज दिलों जान है।
धड़कने हैं तेज दिल की, बैठे बेचैन हैं, बैठे बेचैन हैं
जिस्म दो और दो ही जाने, दिल जो नहीं था माने
आया है दिन शगुनों वाला, इनको मिलाया, इनको मिलाया
आया-आया-आया-आया...
नजर से जो लगती है, प्यार की जीत है
लेकिन दिलों में उलझन, रीत है प्रीत है
चित को मिला है पट या पट को मिला है चित
किसने है क्या रंग देखा, कभी न बताया, कभी न बताया
आया-आया-आया-आया...
महबूबा आशिक जैसे, वैसे ही शबाब साक़ी
जिसने भी जिसको चाहा, कुछ न बचा फिर बाकी
जोरू माशूका दोनों, दिन-रात जैसे
कॉकटेल पिया जिसने,
किसी को न भाया, किसी को न भाया
आया-आया-आया-आया...
महबूबा का यारों, जोरू बनके आना
आगाज सुनामी का, तय जिसका है आना
इंसान नहीं सुनामी का, रिश्ता यह पुराना है।

यह रीत तो निभानी है, दिल भी तो लगाया है।
आया-आया-आया-आया...
लब पे माशूका का नाम आते ही दिल धड़के
बीवी की याद आते, दिल साला है फड़के
महबूबा की जन्नत, नहीं मिलती इबादत से
जो खेले बाजी जां की, है उसी जुआरी की।
बिन माशूका जैसे, कोई मछली बिन जाल के
जैसे विरहन कोई, साजन को है तरसे।
चाहे आग बरसती हो, मौसम के मिजाजों से,
आते महबूबा के, फ़िज़ा बदले हैं सारी।
जाने जो भुगतेगा, राम की माया है
आया-आया-आया-आया...
बेहतर है शादी से, कुवारें ही रहना
आशिक माशूका का, जैसे ही रहना
बकरे और छूरी की, कहानी पुरानी है
सुनता न पहले कोई, बात सबने जानी है
आया-आया-आया-आया...
आशिक माशूका देखो, दोनों लाजवाब हैं,
शवाब-शराब दोनों, जन्मों से साथ हैं
किसने चुनी है साकी, चुने कोई शवाब है
आया-आया-आया-आया...

3.

चले आओ मेरे जाने जिगर 'लखनवी'
अब दिल नहीं लगता
मोहब्बत का सफर, तुम बिन अकेले अब नहीं कटता
चले आओ, चले आओ...

जब तक रहेंगे आसमान पर चांद व तारे
न बिछड़ेंगे चाहे जां से हम हारे,
मुझे यूं छोड़ गर्दिश में, अकेले जा नहीं सकता
चले आओ मेरे जाने जिगर अब दिल नहीं लगता

ख़ुदा ने जब से दुनिया को, मोहब्बत चीज बक्शी है
तो उसने साथ में, वादा निभाने की भी रखी है।
मेरा यह हाल न होता, अगर वादा जो तू रखता
चले आओ मेरे जाने जिगर अब दिल नहीं लगता।

भुला दिया तुमने, मगर मैं तेरी दीवानी,
बसे दिल में हो ऐसे, जैसे दरिया में हो पानी,
मैं उड़ के पास आ जाती, अगर बस मेरा जी चलता,
मोहब्बत का सफर तुम बिन अकेले अब नहीं कटता
चले आओ मेरे जाने जिगर अब दिल नहीं लगता।

4.

मैं इधर जाऊं या उधर जाऊं
जाऊं जाऊं जाऊं कि न जाऊं,
इससे पहले की हद से गुजर जाऊं
मैं इधर जाऊं या उधर जाऊं।
दिल कहता है जो, क्या मैं मान जाऊं,
के अगले पल यह बदलता है,
कोई सीधी सी राह क्यों यह चलता नहीं
मानू अपनी या इसकी कही मान जाऊं
कभी लगी है जैसे की ग़मगीन है
शक्लों सूरत से तो लगता, यह रंगीन है,
यह जब भी पुकारे, पांव रुकते नहीं
उसके पहले मैं जाके सो जाऊं।
मैं इधर जाऊं या उधर जाऊं
कभी राहों पे कांटे, बिछाए न थे,
किसी गुलशन से फूल चुराये न थे,
फिर भी ऐसा मुकद्दर तो मेरा न था,
अपनी चाहत को, चाहत दिला पाऊं
मेरे कहने से क्या यह सुधर जाएगा।
मैं कहूं जिधर की, क्या उधर जाएगा।
बात मानेगा या फिर बिगड़ जाएगा।
या कि खेलेगा फिर यह नया कोई दांव
मैं इधर जाऊं या उधर जाऊं...

5.

मयखाना नहीं यारों, कोई फ़साना है,
ग़म बदले खुशियों में, शायद बुतखाना है,
मयखाना नहीं यारों।
घर जल्दी है जाना, फरमान है बीवी का
थैले में है फेहरिस्त समां लेके जाना है।
चाहे उम्र कटे सारी रहे फेहरिस्त यह जारी,
अज फेहरिस्त से हमको यह शमा जलाना है,
मयखाना नहीं यारों।
ग़म जो कहानी है, वह इतनी पुरानी है,
जब कुछ भी न था दुनिया में, यह उससे पुरानी है,
आते हैं यहां जीने को, पीना तो बहाना है।
ग़म क्यों मिटा डालें खुशियों को जो लाना है।
मयखाना नहीं यारों।
कोई बीवी से है तंग, कोई बिन बीवी है तंग,
कुछ आशिक हैं ऐसे, जिनको समझाना है
यह आग का दरिया है, और डूब के जाना है,
मेरा है सलाम उसको, जिसका यह तराना है।
मयखाना नहीं यारों।

6.

जब दिल ही बनाया था, ग़म काहे बना डाला 'लखनवी',
क्या एक था न काफी, जो दूजा भी बना डाला
कुछ पाने निज़ाद-ए-ग़म, जाते हैं इबादत को
कोई जाता है मयखाने, ग़म अपने भुलाने को
दोनों का ही मकसद एक, क्यों जगह बनाई दो
इस बंटवारे का बीज़, काहे को लगा डाला
जब दिल ही बनाया था...
अरमां, सपने, ख्वाहिशें, मायूसी, गिला, शिकवा
क्या इनकी ज़रुरत थी, बेवजह बनाने की,
हवा, पानी, चंद सांसे, दरकारें जमाना थी,
बाकि इन चीजों का, क्यों मजमा लगा डाला
जब दिल ही बनाया था...
चाहत को बनाते ही, बदली सारी दुनिया
कुछ करने का जज्बा, छत को पाने की
चंद क़दमों के चलते, किया पैदा इस दिल में,
रुसवाई बना के सारा तुमने माहोल बदल डाला
जब दिल ही बनाया था...
मंजिल हासिल करने को, इक सीधा था रास्ता
उसपे चलते-चलते राही पा लेता मनका
क्यों जाने बना डाला, रस्ते पे रास्ता और

कोई पल में मंजिल पे, कोई रह गया बदहाला
जब दिल ही बनाया था...
सच झूठ बनाने का मकसद न समझ आया
है मिला झूठ को सब, सच सांसो ने तरसाया
क्या होगा अब सच का, गर टूट गयी माला
तेरी तूं ही सब जाने, तूं चाबी तू ताला
जब दिल ही बनाया था...

7.

मेरी अटरिया पे, बोले कोयलिया,
बोले कोयलिया, बोले कोयलिया
आने वाले हैं तेरे संवरिया,
तेरे संवरिया, तेरे संवरिया।
पहचानूंगी कैसे उसको, मैंने जो पूछा
कहने लगी वो होगा सबसे अनूठा,
सबसे अनूठा
करने लगेगा दिल, तेरा धक-धक-धक
पड़ते ही पहली तेरी, उस पे नजरिया,
उस पे नजरिया
मेरी अटरिया पे, फिर आई मैना,
फिर आई मैना, फिर आई मैना कहने लगी वह
फिर सुन मेरी बहना, सुन मेरी बहना
दिल न लगाना, कभी परदेसियों से
रोना पड़ेगा, वरना सारी उमरिया,
सारी उमरिया, इतने में देखो चली आई पुरवयिया
आई पुरवईया, आई पुरवइया
लाई संदेशा जो था, दूर नजरिया
भूली मैं मैना, देखो भूली कोयलिया
मैं तो सब छोड़ चली, उसकी डगरिया, उसकी डगरिया।

8.

पैमाना, पैमाना, पैमाना, पैमाना, पैमाना, पैमाना,
पैमाने का पैमाने से, यूं टकराना, टकराना
दस्तूर पुराना है यह मयखाना, ये मयखाना
यार मिलते हैं, बिछड़ जाते हैं रोज मिलते हैं चले जाते हैं,
रोज आते हैं चले जाते हैं इनका है क्या भरोसा,
जो सौ-सौ बार है टूटा, मगर संग जीने और मरने को
जाने तो जाने,
पैमाना, पैमाना, पैमाना
चाहे हो कितने बाराती, बैंड बाजे क्या करें,
दूल्हा घोड़ी पे, है सोचे, जिएगा या मरेगा।
मुझे महफिल नजर आए, जैसे मय्यत में है जाना,
शाने-शौकत की शाम करता है, रोशन पैमाना
ग़म जितने भी आए, अरमान सिर्फ़ आ जाए,
कोई आए, चला जाए, जिंदगी है आनी-जानी,
अगर ग़म ज़र या जोरू है, तो इससे काहे घबराना,
गली के पास नुक्कड़ पर खड़ा है यार पैमाना
मयखाना, मयखाना, मयखाना
जो पिए मियां और बीवी उसी पैमाने में लैला मजनू
जैसे नाम हो ज़माने में, माशूका और आशिक,
पिये एक ही पैमाने से, रहेगी आशिकी जिंदा,
चले जब तक यह पैमाना।
मयखाना, मयखाना, मयखाना

9.

मुझे फुर्सत नहीं 'लखनवी' किसी से दिल लगाने की
न हसरत है मेरी कोई, नशेमन बनाने की
मुकम्मल हो गया सब कुछ, नजर का यह तो धोखा है
सरे बाजार लुटती है अस्मत माता-बहनों की
मुझे फुरसत नहीं यारों...
अगर मैं दिल की मानू तो, हसीनों के मैं पहलू में
बनाकर आशियाँ अपना, सवारूँ उनकी जुल्फों को
लगाऊं पांव में उनके, मैं अपने खून की हीना
अगर जीना है यह जीना, तो कहते फिर किसे जीना
मुझे फुर्सत नहीं है यारों...
रहूं उड़ता फ़िज़ाओं में, मैं उनको बाहों में लेकर
मैं दामन ओढ़ कर उनका, सो जाऊं कयामत तक
हसरतें फिर करूं पूरी, जो होती है दीवाने की
मगर मैं कैसे राह बदलूं, लिखी गीता-कुरानों की
मुझे फुर्सत नहीं यारों...
रहे बैठे वह पहलू में, जब तलक सांस है बाकी,
न फिर कोई जरूरत है, किसी फिर और साकी की
जो टूटा है नशा मेरा, मगर जो बच गई साकी
लगता अब नहीं होगी यह पीने और पिलाने की
मुझे फुर्सत नहीं है यारों...

10.

ग़म आते नहीं 'लखनवी' दुनिया में, तारीख बता के
बंदिश क्यों खुशियों पे, तारीख बताने की,
हर रोज ही क्यों न हो, कोई जश्न मनाने की,
सब खुशियां है नेमत उसकी ही खाजाने की
ग़म आते नहीं...
हर रोज ही क्यों न हो कोई जश्न मनाने की
सब खुशियां नेमत हैं उसी के खजाने की
हर रोज गुलाबी हो, मस्ती की महफिल हो,
एक हाथ में हो साकी, दूजे में माशूका हो
जो रहते जन्नत में उन्हें इसकी मुबारक हो,
अपनी जन्नत है वहां, जहां ऐसा नजारा हो,
अपना परिवार है भारी, हिस्से में खुशियां कम,
गर मिलकर मिलाये, कम फिर भी पड़े न कम,
वैसे तो बहाने सौ-सौ, किसी और से मिलने के
फिर ऐसा क्या डर है, आपस में मिलने के
दस्तूर बदल डालें, अब गुजरे ज़माने का
आओ सब सेहरा बाँधें अब इस नये फ़साने का
ग़म आते नहीं दुनिया में तारीख बता के।

11.

'लखनवी' मान के दिल की बात मैंने,
करनी न थी, वही बात कर ली
मौला मुझे तू माफ़ करना, मैंने मोहब्बत है आज कर ली,
पड़ा था रसालो में, सुना था ज़माने से
बच के ही रहना अच्छा, ऐसे अफसानों से
लेकिन दिल की, बातों में आके
अँखियों से अँखियां, चार कर ली।
मैंने मुहब्बत है, आज कर ली।
मैंने जलाया है अब, प्यार का दिया।
दुनिया कहे है जिसे, आग का दरिया।
इस दरिया में, मैं तो बह जाउंगी।
दिल के सफीने ने भी, हाँ कर ली।
मैंने मोहब्बत है आज कर ली।
मान के दिल की बात...
मैंने किसी की कभी, एक न मानी।
दिल ने कहा जो मेरे, उसी राह चल दी।
प्यार का रब ने भेजा, यह प्यारा बंधन।
मैंने सौगात उसकी, मर्जी से रख ली।
मैंने मोहब्बत है, आज कर ली।
अब होना क्या आगे, दिल यह न जाने
दीदार करने को, दिल मेरा मांगे।
सुनूंगी आवाज़ दिल की, जिसपे चला था वह
माना है मुश्किल राहें, चुन ली सो चुन ली।
मैंने मोहब्बत है आज कर ली।

12.

यह इश्क नही वह इश्क
जो लुत्फे खुमारी था
अब प्यार मोहब्बत का
नया नाम बीमारी है
यह इश्क नही वह इश्क
पहले संदिल से दिल का
मिलना ही मोहब्बत था
हर दिन की मुलाकाते
जैसे चाँद को छूना था
अब प्यार मोहब्बत में
इक दूजे को छूना
नई रस्म मुहब्बत में
ये सबसे ज़रूरी है
यह इश्क नही वह इश्क
किसको किसकी परवाह
तोड़ा रिश्ता शर्मो हया का
अब घर वालो की सीख
देती इनको तक़लीफ़
इस चढ़ती जवानी में
कुछ दिखने दिखाने में
पकड़ी है जो यह राह

साली दो धारी है
कुछ बिकता तो लुट जाता,
कुछ महंगा उधारी में
यह इश्क नहीं वह इश्क
न अब वह आशिक है,
न अब वह माशूका
हर लब पे मोहब्बत का,
है मतलब कोई दूजा,
बचना बड़ा मुश्किल है,
महफिल से शरीफों की
जो दिखते मसीहा हैं,
असली का शिकारी हैं।
यह इश्क नहीं वह इश्क
यह लहराती जुल्फें,
लहरें हैं समुद्र की
यह बलखाती कमरें,
आगाज़ सुनामी की
जो आए लुट जाए,
कुछ बाकी न जाए
सब टूट पड़े ऐसे,
जैसे सरकारी है
यह इश्क नहीं वह इश्क

ज़ुल्फों का गालों पे,
ख़ुद से चले आना
आंचल का कंधे से,
अपने ही सरक जाना
अंदाज या साजिश,
पर लगे प्यारी है।
यह इश्क नहीं वह इश्क।
कभी नाम मोहब्बत का,
कहते हैं इबादत था।
अब नाम तिजारत है,
इस नयी बीमारी का।
इस दौर-ए-तबाही में,
जितनी भी थी रस्में जियारी में,
यह इश्क नहीं वह इश्क,
महफिल का है जो हाल,
जैसे बिछा शिकारी जाल
दो पैक नशे के बाद,
नंगे बदनों पे हाथ
यह इश्क नहीं वह इश्क,
इसके अगले दो जाम,
न पूछो फिर अंजाम
जाने क्या लुट जाए,

यह वह चिंगारी है
यह इश्क नहीं वह इश्क,
अपनी आंखों से बच के,
दिल की बातों में आकर
और बैठे उस मंजिल पर,
जहां बंद होते सब रास्ते
जो मिलता शमा है यहां,
मिलता न जाने कहां
यह इश्क नहीं वह इश्क।

13.

किसी कातिल की रूह ने, आशिया अपना बनाया है
रख के नाम अपना दिल, पता मेरा लिखवाया है
कई बहरूपियों ने मिल, बना के शक्लों सूरत दिल
लहू ले के शैतानों का, हुनर अपना दिखाया है।
यह साला दिल बनाया है।
यह साला दिल-दिल-दिल-दिल
यह साला दिल-दिल-दिल-दिल
इसका कुछ तो करे कोई, क्या इसका जाता है,
यह साला मरवा के रख देगा
यह साला दिल, यह साला दिल।
इसमें शैतान है करे परेशान है
इसकी नियत है खोटी, पर बड़ी जान है।
इसको कैसे संभाले, इसको कैसे निकालें।
साली चाबी तो है, पर नहीं कोई ताला,
साला मरवा के रख देगा।

14.

सजना, सजना, सजना, सजना,
का से कहूं मैं जी की बात, जाने न जो दिन है कि रात
का से कहूं मैं दिल की बात,
चारों पहर थे, दीवान ये अपने
क्या-क्या दिखाते हैं रंगीन ये सपने
डोली उठी थी जब, खुशियों के आलम होंगे मेरे
सावन भादों कितने बीते, देखी न कोई बरसात
देख सकी तो देखी आंखों में बरसात
सौतन बन गई, उनकी नौकरियां
भूल गए मुझे मेरे संवरिया
होती अगर पहले खबरिया
आती न डोली के साथ, का से कहूं मैं दिल की बात।

15.

सुन 'लखनवी'
तौफा लेने वाला यारों, तौफा देने वालों का
पहले से इरादा जान लेता है, पहले से इरादा जान लेता है
मतलब दिल का कहने से पहले ही
ख्वाहिशें उस दिल की, जान लेता है, जान लेता है
तौफा लेने वाला यारो...

नज़र जो मिलाते हैं, नज़र जो झुकाते हैं
नज़र जो बचाते हैं, नज़र जो चुराते हैं
नज़र जिसने पाई है, पहली नज़र में ही
नज़रें हकीकत वो जान लेते है
तौफा लेने वाला यारों...

दिल जो दिखाते हैं, दिल जो लगाते हैं
दिल जो उड़ाते हैं, दिल जो बचाते हैं
दिल जिनके पाक हैं, बातें वह दिलों की
दिल के ही दिल से, सब जान लेते है
तौफा लेने वाला यारों...

राह जो दिखाते हैं, राह जो बिछाते हैं
राह जो दिलाते हैं, राह जो बन जाते हैं
राह में ही राही का, माही बन जाते हैं
राह में ही राही का, खुदा बन जाते हैं
तौफा लेने वाला यारों...